AF458160

RÉGIME FISCAL

OBSERVATIONS

SUR LE

PROJET DE LOI PRÉSENTÉ PAR M. POINCARRÉ

Ministre des Finances

PORTANT :

1° Déduction des dettes en matière de successions

2° Valeur vénale

3° Usufruit et Nue-Propriété

4° Augmentation de droits de mutation par décès

PAR

A. BRAINE

Notaire honoraire à Arras.

JANVIER 1895.

I

Le 27 Mars 1888, le Ministre des Finances M. Tirard, a déposé, au nom du Gouvernement, un projet de loi portant modification du régime fiscal en matière de succession et de donation entre vifs. Ce projet, qui introduisait dans notre législation le principe de la déduction des dettes dans les déclarations de mutation par décès, n'a pu venir en discussion avant la fin de la quatrième législature.

La réforme qu'il consacrait étant unanimement réclamée par l'opinion publique, l'exposé des motifs qui le précédait donnait des explications nécessaires pour faire apprécier la portée et l'utilité de la mesure.

Le principe de la non-déduction du passif pour la liquidation et le paiement du droit de mutation par décès éveille, par son seul énoncé, l'idée d'une violation des règles de la justice et de l'égale répartition des charges entre les citoyens. Il est certain que l'application de ce principe entraînerait, dans les cas trop fréquents, des conséquences que l'équité réprouve et qu'aucune considération ne peut justifier.

Ce mode rigoureux étant cependant regardé comme seul praticable par les rédacteurs de la loi organique du 22 frimaire an VII. Pour agir autrement, disait Crétet dans son rapport au Conseil des Cinq Cents (séance du 17 brumaire an VII) « il faudrait « procéder à la liquidation de toute succession con- « tradictoirement entre le fisc et les héritiers, les con- « sommer en frais et lenteurs par des formes conten- « tieuses, et cela indépendamment du scandale

« intolérable qu'il y aurait à placer les préposés de « la régie dans un état permanent d'hostilité contre « toutes les familles et les autoriser à pénétrer dans « leurs affaires les plus intimes.

« Il faut aussi se convaincre, ajoutait-il, que l'af- « franchissement (et plus tard la modicité du droit), « du mobilier des successions était une compensation « ou, du moins, un grand adoucissement à cette « mesure. »

Enfin, un argument purement théorique consistait à dire que le droit fiscal étant fondé sur la transmission de la chose donnée ou reçue en héritage qu'elle soit ou non grevée de dettes, le service rendu par l'état est le même dans les deux hypothèses et que la rémunération de ce service doit être égale.

Ces motifs n'ont jamais prévalu, dans l'opinion du public, contre les résultats rigoureux du principe.

Dès 1819, le baron Louis, alors ministre des finances, instituait une Commission de sept membres, choisis dans le haut personnel de l'enregistrement et chargés d'examiner, entre autres questions concernant la législation fiscale, celle relative à la déduction du passif.

Dans sa séance du 10 septembre 1819, cette Commission après une longue discussion, adoptait un projet d'article admettant la déduction du passif hypothécaire. Ce projet demeura sans suite.

Mais c'est surtout à partir de 1849 que la réforme fut réclamée avec plus d'instance. L'argument qui définissait la mesure comme une sorte d'abonnement englobant tout ensemble inégalités et compensations avait alors perdu une partie de sa valeur, depuis que le tarif sur les valeurs mobilières successivement rehaussé en 1816 et en 1832, avait été définitivement porté au même taux que celui des immeubles par la loi du 18 mai 1850.

Aussi les divers projets, motions ou pétitions présentés ou discutés dès cette époque jusqu'à ce jour se sont-ils succédés, pour ainsi dire, sans interruption.

Après la proposition de loi de M. Crémieux (1849) viennent les questions adressées au Gouvernement par MM. de Pierre (1862) et Roulleaux-Dugage (1866). En 1864, le Conseil d'Etat était saisi d'un projet admettant la distraction des dettes hypothécaires. Au Sénat, des pétitions tendant à l'adoption de la réforme étaient discutées avec de longs développements dans les séances des 18 mars, 23 avril 1869 et jours suivants. La question était de nouveau examinée lors de l'enquête agricole de 1870 et à l'occasion de la proposition de M. Josseau (1870).

A partir de 1871, on peut citer notamment le projet de M. Follier (1871), l'amendement de M. Méline (1873), le rapport de M. Benoist d'Azy (1874), la proposition de loi et l'amendement de M. Sébert (1874-1875), celle de M. Cherpin (1876) ; les projets et amendements de M. de Gasté (1877).

En 1876, une Commission extra-parlementaire, réunie sous la présidence du ministre des finances, fut spécialement chargée de l'étude de la réforme, mais les événements politiques ont interrompu ses travaux.

Depuis lors, la question est encore soulevée dans le rapport fait au nom de la Commission du budget de 1880 et dans celui de M. Lelièvre sur le projet de

M. de Gasté (1880). Elle fait ensuite l'objet d'une proposition de M. Pieyre (1883), d'un amendement de M. Raoul Duval (1886), de deux amendements de MM Duché et autres (1886-1887). et d'un projet en quatre articles préparé par la Commission du budget de 1888.

En 1885, MM. Camille Sabatier, Maurice Faure et autres députés déposèrent le 30 novembre une nouvelle proposition de loi demandant que les parents audelà du 5e dégré (art. 755) ne succèdent pas — « à défaut de parents au dégré successible dans une ligne les parents de l'autre ligne succèdent pour le tout » et pour l'art. 768 à défaut de parents au degré successible, la succession était acquise à l'Etat — le produit en serait affecté à des œuvres d'instruction, de sciences ou d'assistance dans le département du domicile du *de cujus*. A la séance du 15 février 1886, M. Camille Cousset, député, déposa un rapport sommaire sur ce projet, s'inspirant de cette considération : que la proposition mettrait à la disposition de l'état des sommes considérables sans aggraver aucunement les charges déjà si lourdes qui pèsent sur l'agriculture, le commerce et l'industrie, et sans qu'aucun droit actuel soit lésé, proposant à la Chambre la prise en considération, faisant observer toutefois que, dans ses séances des 1er et 12 mars 1877, le Sénat avait adopté une proposition de loi provenant de l'initiative d'un de ses membres, ayant pour objet de modifier les droits de l'époux sur la succession de son conjoint prédécédé, — et que cette proposition venait se dresser en face du projet dont la Commission était saisie, — rendant inappréciable ses dispositions essentielles. Une longue discussion, sur la prise en considération demandée par le rapporteur, s'éleva à la Chambre dans les séances du 28 mai et 2 juin 1887, M. Charles Chevalier, député de la Manche, prit la parole contre cette proposition et la Chambre adopta, par 314 voix sur 522 votants, la prise en considération reculant l'aptitude de l'Etat non au 5e mais au 6e degré.

Comme amendement à son projet primitif, M. Sabatier avait soumis, le 5 juin, à la Commisson une proposition tendant à frapper à degré égal la succession dévolue par la loi en l'absence de testament d'un droit supérieur aux successions déférées par testament.

Le 5 juin 1888, M. Peytral, ministre des finances, et M. Ferrouillat, ministre de la justice, présentèrent au nom de M. Carnot un nouveau projet de loi portant 1° modification du régime fiscal en matière de transmission d'usufruit et de nue-propriété ; 2° modification de l'article 755 du Code civil sur la vocation héréditaire.

Le 19 janvier 1891 M. Delaunay, député déposa une proposition de loi demandant que les parents au delà du 8e degré ne succèdent pas ; à défaut de parents au degré successible dans une ligne, les parents de l'autre ligne succèderaient pour le tout.

Nous aurions désiré mettre en harmonie ces divers projets et propositions qui n'ont été suivi d'aucun rapport ni de décision de la Chambre pas plus que celle de M. de Saint-Féréol déposée sur le bureau du Parlement le 15 Octobre 1888 ; l'étendue de ces travaux ne nous permet pas de les transcrire ici dans leur entier mais, si nous sommes obligés de nous borner à une simple mention nous recommanderons à ceux qui le désireraient, de se reporter aux textes mêmes, afin de bien saisir toute l'argumentation des auteurs.

II

De sérieux motifs ont pu seuls justifier l'ajournement d'une réforme poursuivie avec tant de persistance et par des promoteurs aussi autorisés. Cette persistance n'en révèle pas moins un mouvement d'opinion qui ne s'est jamais arrêté et auquel les pouvoirs publics doivent se préoccuper de donner satisfaction.

En effet toute chose a une valeur vénale et beaucoup de choses ne produisent aucun revenu. Ne citons à titre d'exemple, que les terrains à bâtir qui, laissés à eux-mêmes ne donnent aucun revenu, les parcs et les jardins dont le revenu est absorbé par les frais de culture, les hôtels et les maisons d'agrément habités par leur propriétaire, tandis que dans l'état actuel de notre législation, la perception se fait sur le capital, formé de vingt-cinq fois le revenu des immeubles ruraux qui est le plus souvent inférieur à cette valeur. De là le double inconvénient de soumettre les immeubles ruraux non grévés de dettes à une surélévation de taxe résultant de la majoration de la base d'évaluation.

En second lieu il est indispensable, pour éviter les difficultés d'application et d'interprétation juridique, de préciser avec un soin scrupuleux, la nature et le caractère des dettes susceptibles d'être déduites.

Les justifications à exiger des héritiers doivent être soumises à des règles aussi précises que possible, mais nécessairement délicates et complexes. D'une part, il faut éviter que le produit de l'impôt soit laissé à la merci de la fraude ; de l'autre, on ne peut songer à accorder aux agents du Trésor les pouvoirs exorbitants contre lesquels, en l'an VII, Crétet s'élevait avec tant d'énergie.

Après avoir étudié avec une attention scrupuleuse le projet préparé par la Commission du budget de 1888, le gouvernement avait reconnu que ce projet ne réunissait pas les conditions d'une réforme pratique. En outre, il avait pensé qu'une modification aussi considérable ne pouvait être introduite dans notre législation fiscale à l'occasion du vote d'une loi des finances ; enfin la gravité des mesures de compensations projetées et l'incertitude des prévisions présentées à l'appui de ces mesures lui avaient fait un devoir d'en demander l'ajournement.

Toutefois, favorable à l'idée même de la réforme, estimant, comme la Commission du budget, que le moment était venu de rechercher sans plus de retard les moyens de réaliser une amélioration réclamée depuis si longtemps, le gouvernement avait confié à une Commission le soin de préparer un projet destiné à être soumis, dans le plus bref délai aux délibérations du parlement.

Cette Commission, instituée par arrêté ministériel du 10 janvier 1888 et présidée par l'honorable et regretté M. Bernier avait poursuivi sa tâche avec une grande activité. Et, sans s'attarder à des discussions théoriques depuis longtemps épuisées, elle avait adopté à l'unanimité la rédaction d'un projet qui fut déposé sur le bureau de la Chambre des Députés le 27 mars 1888.

Ce projet renfermait dix articles dont cinq consacrés à la déduction du passif et cinq aux mesures de compensation.

L'article deux contenait l'énumération des présomptions qui permettent de considérer la dette comme éteinte ou comme ne constituant pas un passif réel. Ces présomptions sont admises par les législations étrangères et sont conformes aux règles du droit civil. Il est certain que la dette échue et non prorogée doit être présumée payée. Il en est de même pour les dettes hypothécaires qui cessent d'être garanties à la suite de la péremption ou de la main levée de l'hypothèque.

En 1889, le 28 novembre, M. Rouvier, ministre des finances, déposa sur le bureau de la Chambre un projet de loi portant sur la même matière, projet qui n'était autre que celui de M. Tirard en date du 27 mars 1888. M. Jamais fut nommé rapporteur et présenta son rapport le 27 mars 1890, se disposant à le compléter par un second supplémentaire le 28 janvier 1892. A cette époque nommé sous-secrétaire d'Etat aux colonies, il fut remplacé par M. Boudenoot qui lui-même rédigea un second rapport supplémentaire le 4 juillet 1892. Ce projet de loi de M. Rouvier vint en première délibération à la séance du 12 mars 1891 et la Chambre, après en avoir adopté les articles, décida de passer à une seconde délibération. Un grand nombre d'amendements ayant été présentés par plusieurs députés, furent retirés à cet époque en les réservant pour la deuxième délibération.

Une loi du 12 juin 1889, applicable à l'Alsace-Lorraine, modifia la législation de frimaire en plusieurs points, notamment en ce qui concerne la déduction des dettes et l'usufruit ; elle ne s'est pas bornée à réaliser la réforme de la déduction du passif, elle l'a étendue à l'usufruit et à la nue-propriété.

Telle est l'analyse des différents projets de loi sur les successions élaborés par le Gouvernement et la Chambre des Députés sous les précédentes législatures. D'autres propositions ont été déposées sur le bureau de la chambre en 1894. Notamment par MM. Burdeau (1) Dupuy-Dutemps (2) Boudenoot(3) Poincarré (4) etc.

Il nous reste aujourd'hui à examiner le texte *définitif* arrêté à la suite d'un accord intervenu entre le ministre et la Commission du budget le 16 novembre dernier apportant quelques changements au projet du 24 juillet 1894.

Il est probable que des amendements viendront modifier la rédaction de ce dernier projet, car il est à présumer que les dispositions ci-après au moins dans leurs grandes lignes, viendront régir l'impôt sur les successions à partir de 1895.

Nous croyons donc devoir soumettre respectueusement dès maintenant les observations qui vont suivre sur les modifications.

III.

OBSERVATIONS.

D'abord sur la déduction du passif en matière de succession.

(1) Projet, Burdeau doc. Parl. J. O. p. 124 session ordinaire 1894 n° 350

(2) Proposition Dupuy-Dutemps doc. Parl. J. O. p. 75 session ordinaire 1893 n° 50.

(3) Proposition Boudenoot doc. Parl. J. O. p. 99 session extraordinaire 1893 n° 69.

(4) Proposition Poincarré doc. Parl. J. O. p. 1242 session ordinaire 1894 n° 885.

L'art. 1er du projet adopté admet la défalcation des dettes. On remarque par crainte de la fraude, que l'enregistrement des titres doit avoir lieu au moins un mois avant le décès.

On se demande pourquoi parmi les instruments constatant des dettes admises à déduction, on n'a pas « ajouté les *Actes S. S. P. enregistrés*, les *condamnations verbales déclarées en vertu des lois existantes* » admises par la Chambre dans sa 1re délibération du 12 mars 1891 sur le projet de loi présenté à la dernière législature par M. Rouvier en 1889.

Ce paragraphe indique que pour être déduites les dettes devront être liquides au jour de la déclaration de succession et non pas au jour du décès. Comme par le mot « *liquides* » on entend les dettes « *Certaines dans leur existence et déterminées dans leur quantum* » on a pensé que du moment ou la première condition « certitude de l'existence de la dette » était remplie au jour du décès, il était juste d'admettre la déduction de cette dette, pourvu que la seconde condition « détermination du quantum » fut remplie au jour de la déclaration de succession, c'est-à-dire au jour ou l'on établit le montant des droits à payer.

Assurément, dans certains cas, cette précaution est indispensable; mais il est certaines dettes dont l'existence est absolument constatée et qui ne pourront cependant se justifier par l'existence d'un titre enregistré. On peut citer dans cet ordre d'idées, les frais funéraires et de dernière maladie. Leur existence est certaine, l'article 2101 du Code Civil en fait même des frais privilégiés. Ils seront payés avant les droits même de succession, et cependant on ne veut pas les déduire sous prétexte qu'ils ne seront pas constatés par titres enregistrés! On ne comprend pas ce refus.

De plus, les dettes d'un tuteur vis-à-vis d'un mineur, il est évident que la fraude ne pourra s'exercer. Le tuteur qui succèdera au tuteur décédé ne voudra pas se charger de recettes qui ne lui auront pas été comptées, il engagerait sa responsabilité. De ce côté, le fisc est donc assuré qu'il ne sera pas trompé.

Pourquoi non plus ne déduit-on pas les dettes contractées envers les successibles en ligne directe? Là encore la fraude n'est pas possible, elle n'aurait pas d'objet. En effet, le droit de titre est de 1 %; le droit de mutation par décès est actuellement égal à 1 %; quel intérêt aurait-on à faire naître la fraude?

Le paragraphe deux de cet article ne déduit pas non plus « les dettes consenties par le défunt au « profit de ses héritiers, donataires ou légataires ou « de personnes interposées; sont reputées interpo- « sées les personnes désignées dans l'art. 911 dernier « alinéa du C C. »

Cet article est précis.

Art. 911 : « Toute disposition au profit d'un inca- « pable sera nulle, soit qu'on la déguise sous la « forme d'un contrat onéreux, soit qu'on la fasse sous « le nom de personnes interposées.

« Seront réputées personnes interposées les père « et mère, les enfants et descendants et l'époux de « la personne incapable. »

Mais l'art. 911 *ne se rapporte qu'aux incapables.*

Les tribunaux ont seuls le droit d'apprécier les circonstances qui dans chaque espèce peuvent faire découvrir le véritable caractère de l'acte, que l'on présente comme un contrat à titre onéreux. (1)

Et tel que l'article du projet est rédigé on arrive à priver, sans connaissance de cause, certaines personnes d'une déduction qui paraît légitime.

On n'a pas abordé davantage la question plus grave de la déduction du passif, en ce qui concerne les commerçants, banquiers, sociétés, et cependant il est bien évident qu'on pouvait trouver un moyen d'arriver à cette déduction au moins partiellement. Ne pourrait-on pas l'obtenir, par exemple, en exigeant la production des livres de commerce régulièrement tenus depuis plusieurs années? Ces livres faisant foi en justice (2).

D'ailleurs, l'opinion générale est que ces dettes, dans certains cas au moins, pourraient être retranchées. On peut citer à ce sujet l'opinion de Crétet, l'un des auteurs de la loi du 22 frimaire an VII, qui disait dans la séance du Conseil des Anciens du 18 brumaire:

« Les facultés mobilières du commerce qui, dans « un Etat agricole et manufacturier comprennent de « l'argent, des créances, la plus grande partie des « matières premières et toutes celles fabriquées qui « attendent la consommation, doivent être considérées « comme la portion la plus considérable des richesses « mobilières possédées par ce même Etat. La contri- « bution sur les successions mobilières portera donc « singulièrement sur les fortunes commerciales et

(1) Civ. cass. 1er Juin 1814. Dalloz J. G. Disposition entre vifs 437 et contr du mar., 350.

(2) Les industriels de Paris veulent faire présenter un amendement en ce qui concerne les marchandises.

« industrielles, et c'est dans ce cas surtout que l'in-
« convénient de la perception sur le brut des suc-
« cessions se fera sentir. En effet, l'Etat habituel et
« nécessaire des commerçants étant de faire plus
« d'affaires sur leur crédit que sur leurs capitaux. Il
« en résulte que plus l'actif de leur succession a d'éten-
« due, plus aussi leur passif est considérable : en
« sorte que le droit d'enregistrement portant sur le
« brut, il se percevra et sur les facultés des héritiers
« et sur celles des créanciers ; quelquefois même
« lorsque la succession se trouvera insuffisante, le
« droit pèsera uniquement sur les créanciers. »

Nous pouvons citer à l'appui de cette thèse l'opinion du savant professeur M. Demante qui indique comme pouvant être déduites, en matière commerciale, les créances vérifiées dans les successions qui s'ouvrent après faillite déclarée.

D'excellents esprits jugent très regrettable que la commission ait purement et simplement éliminé l'amendement de M. Guillemin au lieu de rechercher les moyens de nous faire profiter, sur ce point, d'un bénéfice accordé aux contribuables par des législations aussi diverses que celle de l'Angleterre, de l'Italie, ou de la Prusse. Ils estiment que les motifs donnés sur ce point par la commission ne sont pas suffisamment probants. Nous croyons donc devoir rapporter l'argumentation du rapporteur.

Le passif commercial est presque toujours gagé, à son avis, par un actif correspondant et la compensation s'opérant par l'émission et le paiement de papier à des dates rapprochées, on peut dire qu'en fait toute compensation est opérée avant l'échéance des six mois et il n'y a plus à déduire le passif puisque l'actif correspondant n'est pas frappé. Ce raisonnement pèche incontestablement par la base, car ce n'est pas la situation à l'expiration ou aux derniers jours du délai imparti aux bénéficiaires pour souscrire la déclaration prévue par la loi qu'il faut considérer, mais la *situation au jour même de l'ouver-verture de la succession*. Comme nous l'avons dit.

Les opérations effectuées au delà de cette date sont les opérations des héritiers ce ne sont plus celles du *de cujus*. L'argument est donc sans valeur.

Il n'y a pas lieu, au surplus, de relever dans l'argumentation de la commission cette déclaration que l'actif correspondant n'est pas frappé. Elle a évidemment entendu dire seulement que cet actif n'était pas habituellement déclaré. Il n'y a en effet sur ce point aucun doute possible, l'actif *commercial* doit être compris dans la déclaration au même titre que l'actif *civil*, mais, par contre, le passif commercial n'a-t-il pas comme le passif civil droit à la déduction? l'affirmative n'est pas contestable.

Aussi est-ce bien sur la difficulté d'obtenir des justifications satisfaisantes que sur le principe même de la déduction qu'on s'appuie pour la refuser. C'est qu'en effet il faudrait recourir comme dans la législation Italienne, à la représentation des livres de commerce, la représentation de ceux du *de cujus* garantirait la déclaration de la totalité de l'actif commercial; celle des livres du débiteur ou une déclaration d'existence fournie par celui-ci assurerait le contrôle, au point de vue du passif, des énonciations contenues dans les livres du défunt. (1)

Or, on met en avant les inconvénients que pourrait entraîner, dans ce cas particulier, le contrôle des agents du trésor et l'ingérance qui en résulterait dans les affaires des contribuables. Pourquoi cependant ces vérifications ne seraient-elles pas possibles en France alors qu'elles sont effectuées sans difficulté à l'étranger, ou certainement on n'accepte pas sans examen les dires des imposés. (2)

Au surplus disent les partisans de la déduction qui estiment que ceux-ci ne tarderaient pas à former l'exception, si quelques-uns parmi les intéressés jugent plus conforme à leurs intérêts de s'abstenir, la loi qui leur accorde la faculté de la déduction sous justification n'a rien d'impératif; ils déclareront purement et simplement leur actif, assujetti sans contestation possible, à l'impôt. Mais, que le législateur ne dise pas aux autres : « Vous pouvez et vous « devez justifier de votre passif commercial pour « n'acquitter les droits que sur l'enchérissement « résultant pour vous du décès de votre auteur et « qui doit seul être taxé : vous ne le ferez pas. »

Il y a la un problème délicat mais qui n'est certainement pas sans solution.

Le ministre des finances ne croit pas possible de décider, dès maintenant, la déduction complète du

(1) De plus, la production des titres payés pourrait être utilement effectuée le plus souvent par suite du paiement intervenu entre le décès et l'époque de la déclaration.

(2) La communication des livres de commerce est déjà admise d'ailleurs, dans certains cas, par la législation fiscale actuelle : notamment en cas de cession de fonds de commerce ou de parts sociales.

passif, et M. Poincarré estime qu'il ne faut s'engager que pas à pas dans la voie de la déduction. Il est hors de doute, en effet, que la déduction des dettes renferme un aléa considérable.

Le passif peut bien être évalué en bloc à 20 milliards ce qui représente 10 % environ. Si on met en regard le total de la fortune publique que M. de Folleville avec sa compétence reconnue évaluait récemment à 210 milliards (1) mais, comment se répartit ce passif ? On l'ignore absolument. En ce qui concerne en effet les dettes non hypothécaires, les éléments d'appréciation font défaut. Quand aux dettes hypothécaires, nous savons que certains immeubles sont grévés jusqu'au tiers de leur valeur tandis que d'autres sont totalement indemnes.

A défaut de statistiques qu'on ne saurait dresser avant la discussion de la loi dans les Chambres, une expérience seule pourra fournir des indications par l'application du nouveau système.

Dansces conditions nous pensons qu'il conviendrait d'élaborer un texte posant le principe de la déduction totale du passif, sériant les dettes en diverses catégories, fixant ensuite les justifications à fournir dans chaque cas, statuant enfin que telles dettes seront déduites dès la promulgation de la loi tandis que les autres ne seront admises à la distraction qu'au fur et à mesure de dispositions conformes inscrites dans les lois de finances postérieures. Nous ajouterons qu'il serait peut-être expédient d'autoriser pour ces

(1) Voir A. de Folleville. — La richesse en France et à l'Etranger (extrait du dictionnaire des finances).

dernières la déduction à concurrence d'un *quantum* déterminé un dixième par exemple afin de provoquer les justifications et de réunir ainsi les éléments statistiques indispensables pour autoriser ultérieurement en connaissance de cause la déduction de plus en plus absolue.

En dehors de la France, il n'existe que deux états ou la déduction du passif ne soit pas inscrite dans la loi pour le calcul de l'impôt sur les successions : ce sont le canton de Zurich et la principauté de Monaco. Mais la nature et l'importance des déductions admises varie avec les différentes législations.

Dans certains états, le droit de mutation n'est dû que sur la valeur dont la fortune de l'héritier se trouve augmentée : C'est l'excédent de l'actif sur le passif de toute nature qui est seul assujetti à l'impôt Il en est ainsi notamment dans les cantons suisses d'Argovie, Lucerne et Thurgovie (1).

En Allemagne, l'impôt ne frappe également que la valeur nette de l'héritage après déduction des dettes et charges qui grèvent la fortune du *de cujus*.

Toutes les dettes sans restrictions doivent être déduites et les charges comprennent non seulement les legs, les usufruits qui grèvent l'hérédité, mais encore les frais funéraires et les frais de dernière maladie ou autres nécessités par la liquidation de la succession et la mise en possession des héritiers. Il en est ainsi dans le grand duché de Bade, en

(1) Argovie, ord. 30 juin 1857, Art. 3 ; — Lucerne, loi du 9 mars 1859 Art. 51 — Thurgovie loi 3 mai 1850 Art 3.

Bavière dans la ville de Brême, en Prusse, en Saxe et dans le Wurtemberg (1).

Une loi du 12 juin 1889 a introduit le même régime dans l'Alsace-Lorraine, demeurée jusque là sous l'Empire de la législation Française. L'impôt n'est plus exigible que sur la valeur dont s'augmente la fortune du successible et, pour déterminer cette valeur imposable, on déduit toutes les dettes et charges grévant la succession (2).

En Angleterre la déduction immédiate des dettes justifiées et des frais funéraires est admise. En Autriche-Hongrie, les dettes, sont déduites lorsque dit la loi, elles sont reconnues d'une manière digne de foi ; le passif déductible comprend les frais de maladies et de funérailles du *de cujus*. La Russie admet la déduction des dettes de toute nature, y compris les dettes commerciales ; il en est de même en Roumanie (3). Les cantons suisses de Bâle, de Berne et de Neufchâtel suivent, à cet égard, des règles identiques à celles des pays allemands (4).

D'autres cantons, tout en incrivant dans leur

(1) Bade ord. 18 mai 1855, Art. 66 et 70 : — Bavière loi du 18 août 1879 Art. 5. — Brême, loi annuelle de finances ; — Prusse lois 30 mai 1873 art. 5 et 12 juin 1891, art 5 ; — Saxe, loi 15 mai 1876. Art. 5 ; — Wurtemberg, loi 24 mars 1881, Art. 7.

(2) *Alsace-Lorraine* La loi du 14 juin 1889 constitue une réforme d'autant plus réelle que le tarif en vigueur n'est pas augmenté. Il est demeuré fixé aux taux édictés par la loi française, sans addition de décimes, ceux en vigueur en 1870 avaient été supprimés par une loi du 21 mai 1873.

(3) *Angleterre*, lois de 1853, nos 16 et 17 art 34 à 36 et 38 et de 1881 art. 29, 31, antérieurement à cette dernière loi les droits étaient perçus sur l'actif brut et ultérieurement restitués sur la justification du passif déductible.

Autriche Hongrie le régime des successions est réglé par la loi fiscale du 9 février 1850, modifié par diverses lois postérieures.

Russie réglement de juillet 1882 art 11.

Roumanie loi du 19 mars 1886.

(4) *Bâle* loi du 31 mai 1880 art. 18 ; — Berne loi du 26 mai 1864 art 4 et 4 mai 1879 art. 3 — Neufchatel loi du 29 décembre 1876 art. 4.

législation fiscale le principe de la distraction des dettes, ont posé certaines limites pour réduire l'étendue des charges ou pour assurer les justifications des dettes déductibles, ce sont ceux de Fribourg, Genève, Glaris, Schaffousse, Tessin, Uri, ou les parties sont tenues de fournir dans les 3 mois un inventaire exact ou un partage ; Vaud, ou les héritiers doivent remettre dans les 20 jours un état des dettes dont ils demandent la déduction ; et Zug. Le canton de Soleure n'admet la déduction que du passif hypothécaire (1).

Les législations des Pays Bas et du Grand-Duché de Luxembourg, qui dérivent à la fois de la loi française et de la loi Hollandaise, contiennent, en ce qui concerne la déduction du passif des dispositions à peu près identiques.

Aux termes de l'article 12 de la loi Belge du 27 décembre 1817, le passif déductible comprend les dettes à la charge du défunt constatées par les actes qui en existent ou autres preuves légales et les intérêts dûs au décès — les dettes relatives à la profession du défunt, telles qu'elles existent au jour du décès ; les dettes relatives à la dépense domestique au jour du décès ; les charges publiques provinciales ou communales etc.., au jour du décès ; les frais funéraires. Ces dispositions ont été complétées par la loi du 17 décembre 1851 qui restreint sur certains points l'admission au passif.

(1) *Fribourg* loi du 8 mars 1882 art 14 et 26 ; *Genève* loi du 18 join 1890 art. 14 — *Glaris* lois 11 mai 1873 art. 8 4 mai 1884 art. 4 et 7 mai 1891 art 6 — *Schaffoure* loi du 25 janvier, 1884 art. 14 et 15 — *Soleure* loi du 13 décembre 1848 art. 4 — *Tessin* loi du 10 mai 1873 art. 46 — *Uri* loi de 1889 — *Vaud* lois 25 mai 1824 art. 31 et 35 et 31 janvier 1889 — *Zug* ord. 20 décembre 1870, art. 24.

Dans le Grand-Duché de Luxembourg ce sont les seules prescriptions de la loi de 1817 qui sont encore en vigueur. Dans les Pays-Bas, les lois antérieures ont été codifiées en 1886 et c'est l'art. 27 qui règle la matière. Nous y remarquons notamment les dispositions singulièrement larges relatives aux fondations pour services religieux.

En Italie la distraction des dettes grévant les successions est autorisée par la loi du 13 décembre 1874. Sont déduites les dettes certaines et liquides résultant d'un acte public ou d'un jugement d'une date antérieure à l'ouverture de la succession ou encore d'un acte sous signature privée enregistré avant l'ouverture de la succession ou antérieur à 1866 et ayant acquis date certaine au jour du décès si toutefois il a été régulièrement timbré ou a supporté les droits similaires alors en vigueur.

Enfin l'Espagne qui offre à notre examen la législation d'ensemble, la plus récente sur la matière, admet la déduction des dettes du *de cujus*, lorsque leur existence certaine résulte d'actes publics ou d'autres documents d'une légitimité non douteuse. Dans quelle mesure la loi nouvelle devra-t-elle s'inspirer de ces différentes législations ? Dans quelle mesure devra-t-elle autoriser la déduction du passif ? Nous n'hésitons pas à répondre que toutes les *dettes reconnues certaines dans leur existence doivent être déduites* et cela, quelle que soit la nature de la preuve qui établira cette existence. Cette déduction complète s'impose d'ailleurs tout particulièrement avec le tarif progressif, car, ainsi, qu'on l'a fait remarquer, l'iniquité de la non déduction, absolument condamnée avec le régime actuel, se trouverait multipliée dans une proportion considérable avec la progressivité des droits, l'inégalité devenant d'autant plus lourde que la progression s'accentuerait davantage. La loi nouvelle doit donc prévoir et assurer, dans la mesure du possible cette complète déduction. Aussi, aucun des textes proposés jusqu'ici ne paraît-il de nature à fournir une solution définitive de la question (1).

Le projet de loi ne dit pas ce que deviendront les reprises que les femmes mariées ont à exercer sur la communauté, la déduction ne s'opérant pas sur les biens propres du mari.

Cependant, pour justifier l'existence de ces dettes, on accepte tous les moyens de preuve. Les acceptera-t-on quand il s'agira de déduire ces mêmes reprises du montant des biens propres du mari ?

Pour un héritage de 100.000 fr. grevé d'un passif de 80,000 fr., celui qui le recueille ne reçoit en réalité que 20,000 fr., et cependant il devra payer les droits de mutation par décès sur 100,000 fr. comme s'il n'existait pas de passif.

Voilà comment se présente le plus souvent cette question de la non distraction du passif héréditaire dans les successions, question qui remonte à l'édit de 1703 et à la législation du 100e denier.

Cependant nous la retrouvons fréquemment sous d'autres formes qui ne font que mieux ressortir encore la rigueur de cette règle de la non distraction.

Ainsi une personne se marie, se constitue un domaine d'une valeur de 50,000 fr. et reçoit en dot

(1) Voir revue politique et parlementaire décembre 1894 p. 437.

de son épouse une dot de 30,000 fr. qu'elle emploie à payer un dette hypothécaire de même importance grevant son bien propre. Le mari meurt, les enfants paieront les droits sur l'immeuble paternel sans en déduire les 30 000 fr. de dot dûs à leur mère.

La mère décède à son tour, les enfants devront payer les droits sur les 30,000 fr. de leur mère formant créance sur les propres de leur père.

De sorte que les successions de leurs auteurs ne présentent qu'un actif de 50,000 fr. valeur de l'immeuble paternel. Cependant les héritiers payeront les droits sur 80,000 fr., c'est-à-dire sur l'immeuble du père et sur la créance de la mère.

Mais bien mieux encore :

L'art. 802 du Code civil a prévu le cas où une personne serait appelée à n'accepter une succession que sous bénéfice d'inventaire, et alors il a stipulé que l'héritier sous bénéfice d'inventaire ne serait tenu au paiement de dettes que sur les forces de la succession. L'administration de l'enregistrement, s'appuyant sur de nombreux arrêts de la Cour suprême, a fait passer en jurisprudence que les droits de mutation par décès ne sont pas une dette contractée par le défunt, c'est-à-dire une dette de la succession, mais bien une dette personnelle à l'héritier, dette qu'il a contracté par cela même qu'il a accepté la succession sous bénéfice d'inventaire.

De sorte que, si la succession est négative, l'héritier qui n'est pas tenu à désintéresser personnellement les créanciers de l'hérédité, devra payer sur ses propres les droits de mutation par décès.

IV

L'art. 4 du projet déposé à la Chambre est ainsi conçu : art. 4. « Le droit de mutation sera liquidé « quant aux immeubles sur la valeur vénale des « biens et sans que cette valeur soit inférieure au « produit de la capitalisation du revenu faite au « denier 20 pour les immeubles urbains et au denier « 25 pour les immeubles ruraux. La déclaration de « la valeur vénale sera accompagnée de la déclara- « tion du produit des biens ou des prix des baux « courants telle que cette dernière est exigée en « vertu des lois existantes.

« Les insuffisances d'évaluation soit en valeur « vénale soit en revenu seront constatées par voie « d'expertise s'il y a lieu, et réprimées le tout « selon les règles actuellement en vigueur.

« La demande en expertise, qu'elle ait pour objet « la valeur vénale ou le revenu, sera portée, dans « tous les cas, au tribunal de première instance dans « le ressort duquel les biens sont situés. »

En principe la substitution d'une base uniforme et réelle à la capitalisation arbitraire par 20 ou 25 d'un revenu faible ou élevé, suivant qu'il résulte d'un bail ou d'une évaluation, et même suivant qu'il s'agit de locations, de logements d'ouvriers ou de baux d'habitations bourgeoises, ces derniers étant relativement beaucoup moins élevés que les premières serait une excellente mesure.

Il y aurait aussi grand avantage, au point de vue de la liquidation des communautés et du prélèvement des reprises, à opérer sur des bases conformes au droit civil et à mettre les déclarations de mutations en harmonie complète, avec les actes de partage.

Mais alors l'institution si impopulaire et si vexatoire des locations verbales n'a plus de raison d'être, puisque le travail énorme et les difficultés sans nombre occasionnés par cette institution, n'avaient pour but que de fournir des bases d'évaluation auxquelles on renonce après une expérience de 22 ans qui est loin d'avoir été satisfaisante.

Cependant on va se trouver en présence d'un autre écueil : les évaluations fournies en capital ne seront par plus sincères que les autres, et ce défaut de sincérité se reproduira dans les partages et les liquidations qui en étaient jusqu'alors indemne, par ce qu'ils ne constituaient pas d'éléments de contrôle au regard de l'évaluation immobilière.

Avec l'évaluation en capital, la fraude se glissera dans tous les partages entre majeurs, surtout avec une élévation de tarif qui lui offrira une prime de plus en plus considérable.

Là encore, les incapables acquitteront seuls l'impôt majoré sur l'intégralité de la valeur transmise, d'après les évaluations qui en seront faites conformément aux règles de procédure.

Comme en matière de vente le moyen de remédier non seulement à une inégalité mais à une iniquité, serait d'adopter le cadastre comme base de la perception dans des conditions d'exactitude qui fassent espérer de voir admettre ce mode d'évaluation pour les partages et les liquidations et en général, dans les estimations faites entre particuliers et en dehors de tout intérêt fiscal.

On résoudrait ainsi le double problème de l'égalité et de l'uniformité de l'impôt tout en mettant en harmonie parfaite les liquidations et les déclarations de mutation par décès (1).

On dira peut-être que notre cadastre n'est pas à jour comme en Belgique et qu'il faudrait le refaire. Grosse question ! mais en attendant que cette opération puisse se réaliser, rien n'empêche de le prendre pour base de perception ainsi que nous allons le démontrer.

L'évaluation de la valeur vénale au gré et au caprice d'un receveur d'enregistrement est impossible, prenons un exemple : Supposons un propriétaire possédant 2 maisons estimées par lui 60,000 et louées 2,000fr. Après 6 mois de vacance le propriétaire se décide à les mettre en adjudication, les enchères ne s'élèvent qu'à 40,000 fr. Une succession s'ouvre dans laquelle les maisons sont comprises, quelle sera la valeur donnée à ses immeubles par le receveur pour base de perception ? Prendra-t-il les baux expirés ou un revenu moindre par suite de la baisse des propriétés? Ces immeubles comme nous l'avons dit n'étant pas loués ; car la déclaration de cette valeur vénale ne peut être accompagnée du produit des biens et du prix des baux courants exigés par les lois existantes pour les maisons non louées et exceptionnelles, châteaux, usines etc , ainsi que nous allons le prouver.

Nous traiterons ensuite la question des insuffisances.

(1) Voir Bulletin Hebr de l'enregt 17 mars 1894.

Une loi du 8 août 1885 prescrivait (art. 34) l'évaluation des propriétés bâties et le 5 juillet 1890 M. Boutin dans son rapport à M. Rouvier alors ministre des finances sur les résultats de cette évaluation disait :

« L'évaluation (1) des châteaux et des maisons « exceptionnelles (non louées) est la partie de l'opé- « ration qui devait présenter les plus grandes « difficultés.

« C'est en prévision de ces difficultés, et pour aider « à les résoudre, que l'administration de l'enregis- « trement avait été chargée (art. 2 de l'instruction) « de faire dresser et de fournir au service des con- « tributions directes le relevé des actes de toute « nature s'appliquant aux immeubles dont il s'agit.

« Divers procédés ont dû, en conséquence, être « mis en œuvre pour assurer l'évaluation régulière « des châteaux et des maisons exceptionnelles non « louées.

« Dans les départements où les renseignements « fournis par le service de l'enregistrement ont pu « être utilisés, les propriétés évaluées au moyen de « ces renseignements ont été prises pour types : on « a calculé la moyenne par pièces ou par mètre su- « perficiel de la valeur locative attribuée aux dites « propriétés et cette moyenne a servi de régulateur « pour l'évalution des maisons similaires.

« Quelque soin qu'on ait apporté à l'évaluation « de ces propriétés exceptionnelles, il est probable « qu'on objectera que les *châteaux n'ont par eux-*

(1) Voir page 11 du rapport.

« *mêmes aucune valeur locative et que toute estimation,*
« en ce qui les concerne, *est purement arbitraire.* Sans
« doute les propriétés dont il s'agit *n'ont pas*, à pro-
« prement parler, *de valeur locative*, en ce sens qu'el-
« les ne sont généralement ni louées ni destinées à
« l'être, mais ce fait, qui ne leur est d'abord pas
« spécial n'empêche pas les immeubles en question
« d'avoir une valeur réelle, et au point de vue par-
« ticulier de l'assiette des impôts, une valeur loca-
« tive proportionnelle qu'il est absolument indispen-
« sable d'estimer. Or, cette estimation ne paraît pas
« pouvoir être *taxée d'exagération*, lorsqu'elle résulte,
« comme dans le travail qui vient d'être exécuté,
« soit du rapprochement de ces propriétés avec cel-
« les de l'ordre immédiatement inférieur. Soit de
« l'application de leur valeur vénale du taux de
« placement usité pour les domaines dont elles font
« partie.

« D'ailleurs, au point de vue des principes, toute
« les propriétés bâties sont imposables à la contribu-
« tion foncière en raison de leur valeur locative. C'est
« le droit commun depuis un siècle, et l'on ne saurait
« admettre *un seul instant qu'il fut plus difficile aujour-
« d'hui qu'à l'époque du cadastre d'attribuer aux châteaux
« et aux maisons exceptionnelles une valeur locative
« satisfaisant aux règles de la proportionnalité et de la
« justice distributive.*

« Quant aux usines, leur évaluation n'a pas pré-
« senté de difficultés sérieuses, il existe, en effet
« pour cette nature de propriétés, un assez grand
« nombre de baux, pour qu'on n'ait pas besoin de
« recourir, en ce qui les concerne, à des procédés

« d'évaluation spéciaux, en outre, *les valeurs locatives*
« *qui pour les usines, servent de base au droit propor-*
« *tionnel de patente* avaient été discutées depuis
« longtemps par les exploitants et comparées par eux
« avec celles de leurs concurrents ; des comparaisons
« ainsi que des rapprochements analogues effectués
« sans cesse par l'administration, *assureraient, à*
« *l'avance une exactitude et une proportionnalité aussi*
« *complète que possible.*

« Il y avait toutefois *des précautions particulières à*
« *prendre pour l'évaluation des propriétés de cette nature.*
« Les établissements industriels renferment en effet
« un outillage, qui, selon les cas, doit-être considéré,
« comme faisant partie intégrante de l'usine, ou
« comme n'en constituant pour ainsi dire que le
« mobilier. Il fallait donc suivant la circonstance,
« comprendre l'outillage dans l'estimation du revenu
« immobilier ou l'en exclure. *Une circulaire, basée*
« *sur la jurisprudence du Conseil d'Etat et rappelant de*
« *nombreux arrêts sur la matière a tracé la marche à*
« *suivre à cet égard.* »

Il résulte donc de ce rapport que c'est d'après *les données de l'enregistrement* que les évaluations ont été faites aussi justes que possible puisque l'enregistrement a fourni les bases d'évaluation pour les propriétés ci-dessus mentionnées, il paraît rationnel de les prendre en joignant à la déclaration un extrait des contributions délivré par le directeur.

Nous ne comprenons pas bien qu'il faille augmenter les chiffres de succession aux taux indiqués dans les nouveaux tarifs, dont nous parlerons tout à l'heure, la substitution de la valeur vénale au revenu, donnant au contraire à notre avis, une plus-value suffisante pour combler la perte occasionnée au Trésor par la déduction du passif héréditaire, et c'est ce que nous allons essayer de démontrer.

En 1864, alors que le denier multiplicateur pour tous était encore de 20, le Conseil d'Etat fixait au quart comme nous l'avons déjà dit, l'aggravation qui devait résulter de la substitution de la valeur vénale au revenu ; c'est-à-dire que cette mesure devait produire le même résultat que si le denier multiplicateur était porté à 25.

M. Garnier raisonne ainsi sur le même sujet : « En effet, dit-il, comme on peut prendre en moyenne « un revenu de 3 fr. pour la représentation d'une « valeur vénale de 100 fr. il s'en suit que d'après le « système en vigueur une valeur vénale de 100 fr. « qui produit au plus 3 fr. de revenu ne rend le « droit exigible que sur 60 fr. tandis que, par l'appli- « cation de la valeur vénale, pour un revenu de 3 fr. « le droit serait dorénavant perçu sur 100 fr. qui « représente la valeur vénale de ces 3 fr.; c'est-à-dire « sur 40 fr. de plus que d'après la loi en vigueur.

« La conclusion est une augmentation des deux « cinquièmes du capital destiné à supporter l'impôt « car alors le denier multiplicateur était encore de « 20. »

L'adoption de la valeur vénale correspond dans l'esprit de l'administration, à une augmentation de 8 unités dans le denier multiplicateur des immeubles ruraux, soit 33 au lieu de 25 et nous en trouvons une nouvelle preuve dans la rédaction de l'art. 4 qui n'accepte le chiffre 30 qu'à titre de minimum.

L'augmentation sera de 5 unités, au moins pour les immeubles bâtis. Du moment où la loi exigera, suivant le texte de la Commission, que la valeur vénale à déclarer ne pourra pas être inférieure au revenu multiplié par 20 ou 25 fois, le receveur dira, à l'héritier qui se présentera : « Votre valeur déclarée est inférieure au revenu multiplié par 25 ; je repousse votre déclaration et j'entends percevoir sur 25 ».

Ce sera bien là une contrainte, puisque, aux termes de la loi du 22 frimaire an VII, l'héritier ne peut discuter avec le receveur : il est obligé de payer la somme qui lui est réclamée ; il ne peut que s'adresser ensuite aux tribunaux. Ils auront sous les yeux le texte de la loi votée et ils diront que le receveur a bien fait de percevoir, puisque la loi décide qu'on ne peut pas déclarer au-dessous du produit de la capitalisation du revenu par 20 ou 25.

V

En ce qui concerne les insuffisances d'évaluation cet article dit qu'elles seront constatées par voie d'expertise s'il y a lieu le tout selon les règles actuellement en vigueur, il y a une grande différence a établir entre l'insuffisance et l'omission, car déclarer une créance pour une somme inférieure à celle réellement due à la succession constitue une omission et non pas une insuffisance d'évaluation puisque les parties n'ont pas à fournir d'estimation pour l'assiette de l'impôt tandis que pour les immeubles il n'y aurait qu'insuffisance de perception dans le cas où le capital déclaré intégralement pour ces derniers aurait été diminué par une estimation que le receveur aurait accepté pour la liquidation du droit. Et si le receveur dispose des indications suffisantes pour établir sans recherches ni investigations une perception régulière, et s'il ne l'a pas fait les droits supérieurs exigibles ne doivent porter l'admission d'aucune pénalité. Enfin pour discerner dans quel cas il y a insuffisance de perceptions il faudrait établir d'une manière précise si la déclaration contenait ou non tous les éléments nécessaires pour la liquidation régulière du droit, on éviterait ainsi des frais d'expertise très onéreux et souvent sans objet. (1)

M. Boutin reconnaissait lui-même dans son rapport précité (5 Juillet 90) (2) que l'évaluation des maisons de propriétaires, châteaux, usines et des maisons exceptionnelles n'ont par eux-mêmes *aucune valeur étant purement arbitraire et présentant les plus grandes difficultés* n'étant généralement ni louées ni destinées à l'être.

De plus il est souvent bien difficile de distinguer dans quel cas il a été commis par les parties une omission passible du droit en sus, ou par le receveur d'une perception insuffisante donnant lieu à la réclamation dans le délai de la loi du supplément de droit nécessaire pour désintéresser le trésor, mais n'entraînant au préjudice des parties aucune pénalité, la déclaration est l'Œuvre des parties, les héritiers sont libres d'y donner les valeurs qu'ils jugent convenable, le receveur n'a rien à dire sur ce point ainsi que l'écrivait M. l'avocat général Blanche dans

(1) Voir dictionnaire de l'enregistrement succession nos 2365 2383 et suivants
(2) Voir rapport page 11.

ses conclusions posées à l'occasion de l'arrêt de la Cour Suprême du 3 février 1869 : « quelque soit les « insuffisances que la déclaration renferme, si bien « démontrées que les erreurs puissent paraître elle « doit être reçue comme elle est présentée sans que « le trésor ait le droit d'y ajouter d'office les valeurs « dont il constate l'insuffisance, l'on ne peut donc « admettre la valeur vénale accompagnée de la « déclaration du produit des biens ou du prix des « baux courants exigés par les lois existantes car les « propriétés bâties peuvent subir des réductions par « suite de non location et même de vente ainsi que « nous en avons la preuve tous les jours. »

N'est-ce pas frapper la transmission qui est la plus digne d'intérêt? Mais, objecte-t-on on déduira le passif. Cette déduction ne compense pas l'augmentation du droit. On évalue en effet le passif au huitième des biens déclarés. Pour une succession de 80.000 on paie aujourd'hui 1,25 %, 1000 fr. ; avec le système proposé on ne paiera plus que sur 70000 mais à 1,50 cele fait 1050 fr. Les héritiers trouveront qu'à ce prix il valait mieux payer sur le passif.

Cette question soulève de nombreuses objections; elles abondent et l'on peut s'étonner qu'après d'aussi longues et d'aussi laborieuses études, l'œuvre ne soit pas plus parfaite.

Aucune réforme des droits sur les successions ne sera sérieuse et viable tant que l'on s'obstinera à en faire un droit d'enregistrement analogue aux autres droits de mutation.

Il fallait les considérer comme un impôt d'une nature particulière, soumis à des règles propres, ainsi que cela existe dans tous les pays étrangers.(1) Il ne s'agit pas d'une question de mots mais d'une question de principes qui domine tout le système.

Peut-on penser que le parlement votera un accroissement des charges qui grèvent les successions en ligne directe ?

C'est fort douteux ; ces successions jouissent avec beaucoup de raison, de toutes les faveurs des économistes et les législations sont nombreuses ou les enfants ne doivent aucun impôt sur les biens qu'ils recueillent de leurs parents.

On objectera peut-être que l'évaluation des propriétés non bâties n'est pas faite, mais comme ce travail va avoir lieu prochainement cette objection n'est pas fondée.

En Belgique aux termes des articles 2 et 3 de la loi du 17 décembre 1851 ainsi conçus :

Art. 2 « L'impôt sera exclusivement perçu sur la « valeur des immeubles situés dans le royaume, et « des rentes et créances hypothéquées sur des immeu- « bles sis en Belgique déduction faite des dettes « hypothécaires grevant les biens soumis à l'impôt.

Art. 3 « Le gouvernement déterminera périodi- « quement à l'aide des ventes publiques enregistrées « pendant les cinq dernières années au moins et en « diminuant le prix d'un dixième le rapport moyen « du revenu cadastral à la valeur vénale.

« Ce rapport sera établi distinctement pour les « propriétés bâties et les propriétés non bâties soit « par bureau de perception soit par cantons ou « communes.

(1) Voir page 17 et suivantes.

« Les héritiers pourront le prendre pour base de « l'évaluation des immeubles soumis au droit de « mutation établi par les articles précédents. Dans ce « cas leur déclaration sera appuyée d'un extrait de « la matrice cadastrale. (1)

« La valeur vénale des immeubles dont le revenu « n'est pas constaté à la matrice cadastrale. Ainsi « que des immeubles pour lesquels les héritiers « n'useront pas de la faculté accordée par le para- « graphe précédent sera déclarée conformément à « l'article 11 de la loi du 27 décembre 1817 (2) ».

VI

L'article 5 du projet de loi dit :

« La valeur de la nue-propriété et de l'usufruit « des biens meubles et immeubles est déterminée « pour la liquidation et le paiement du droit propor- « tionnel ainsi qu'il suit savoir :

« 1° Par les transmissions à titre onéreux de biens « autres que créances, rentes ou pensions, par le « prix exprimé en y ajoutant toutes les charges en « capital, sauf application des art. 17 de la loi du « 22 frimaire an VII et 13 de celle du 23 août 1871 ;

« 2° Pour les échanges et pour les transactions « entre vifs à titre gratuit ou celles qui s'opèrent par « décès des mêmes biens par une évaluation faite de « la manière suivante ; si l'usufruitier a moins de

(1) En exécution de cet article l'arrêté royal du 28 Juillet 1852 avait déterminé le rapport moyen de revenu cadastral à la valeur vénale ; cet arrêté a été remplacé par celui du 25 Juillet 1867 repris à son tour et modifié par celui du 15 septembre 1886.

(2) L'art 3 de la loi du 17 décembre 1851 est applicable aux donations en ligne directe. Loi du 2 Juillet 1869, art. 3.

« 20 ans révolus, l'usufruit est estimé aux sept « dixièmes et la nue-propriété aux trois dixièmes « de la propriété entière, telle qu'elle doit être éva- « luée d'après les règles sur l'enregistrement. Au « dessus de cet âge, cette proportion est diminuée « pour l'usufruit et augmentée pour la nue-proprié- « té d'un dixième par chaque période de dix ans « sans fractions, à partir de soixante dix ans révolus « de l'âge de l'usufruitier, la proportion est fixée à « un dixième pour l'usufruit et à neuf dixièmes pour « la nue-propriété. Pour déterminer la valeur de la « nue-propriété, il n'est tenu compte que des usu- « fruits ouverts au jour de la mutation de cette nue- « propriété.

« L'usufruit constitué pour une durée fixe est « estimé aux deux dixièmes de la valeur de la « propriété entière pour chaque période de dix ans « de la durée de l'usufruit, sans fraction et sans « égard à l'âge de l'usufruitier.

« 3° Pour les créances à terme, les rentes perpé- « tuelles ou non perpétuelles et les pensions créées « ou transmises à quelque titre que ce soit et pour « l'amortissement de ces créances ou pensions, par « une quotité de la valeur de la propriété établie « suivant les règles indiquées au paragraphe précé- « dent, d'après le capital déterminé par les paragra- « phes 2, 7 et 9 de l'art. 14 de la loi du 22 frimaire « an VII ».

On accueillera certainement avec une vive satis faction la réforme projetée relativement à la base de perception au cas de démembrement de la propriété.

Aujourd'hui la valeur de l'usufruit est fixée, quelque soit l'âge de l'usufruitier, au tiers de la valeur totale, s'il s'agit d'une vente, à la moitié s'il s'agit d'une donation ou d'une succession.

Ainsi je vends, moyennant 20000 fr., payés comptant une maison en m'en réservant l'usufruit, le droit est perçu sur 30000 fr., que je sois âgé de 30 ans ou de 75 ans, l'usufruit est considéré comme valant 10000 fr. et la nue-propriété 20000 fr.

Cette maison qui était louée 1200 fr. est, de mon vivant, léguée par l'acquéreur en nue-propriété à un neveu, en usufruit à une nièce.

Cette dernière paiera lors de mon décès, le droit sur le capital par 10 du revenu locatif, soit sur la moitié de la valeur de l'immeuble. (1)

Le projet modifie ces bases de perception tout à fait illogiques et ne fera porter l'impôt que sur la valeur réelle de l'usufruit transmis.

D'accord avec les auteurs des propositions, la commission spéciale ne s'est arrêtée à aucun des systèmes que nous venons d'analyser ; elle s'est prononcée en faveur d'un mode de procéder qui en est, si l'on peut s'exprimer ainsi, la résultante, et auquel M. Poincarré a également adhéré.

Aux termes des dispositions suivantes, l'usufruit est estimé, si l'usufruitier a moins de 20 ans révolus, aux sept dixièmes de la nue-propriété et aux trois dixièmes de la propriété entière, telle qu'elle doit être évaluée d'après les règles de l'enregistrement. Au-dessus de cet âge, cette proposition est diminuée par l'usufruit et augmentée par la nue-propriété d'un dixième pour chaque période de 10 ans, sans fraction.

(1) Voir Bulletin hebdomadaire d'enregistrement 17 mars 1894.

A partir de 70 ans révolus de l'âge de l'usufruitier, la proportion est fixée à un dixième pour l'usufruit et à neuf dixièmes pour la nue-propriété.

Il n'est tenu compte, pour fixer la proportion, que des usufruits qui se sont ouverts ou qui s'ouvrent au jour de la mutation; l'usufruit constitué pour une durée fixe est estimé aux deux dixièmes de la valeur de la propriété entière pour chaque période de dix ans de la durée de l'usufruit, sans fraction et sans égards à l'âge de l'usufruitier.

Les droits ainsi déterminés dans leur assiette sont immédiatement exigibles aussi bien du nu-propriétaire que de l'usufruitier. Il eût sans doute été préférable, tout en admettant le nouveau mode de calcul proposé pour l'usufruit, de demander au nu-propriétaire la totalité du droit sur la pleine propriété de l'usufruit. Ce système rationnel dans sa base et dans ses conséquences, aurait eu pour résultat de faire supporter à l'usufruitier une contribution en rapport avec l'importance de l'avantage temporaire résultant à son profit du démembrement de la propriété et de traiter ensuite le nu-propriétaire au moment de son entrée en possession, comme un bénéficiaire ordinaire. Mais il a paru impossible de garantir, dans ces conditions, la rentrée normale de l'impôt et c'est pour ce motif que la préférence a été donnée aux dispositions que nous venons d'analyser et qui modifient très heureusement le régime actuel.

Il n'est pas sans intérêt de faire remarquer, que dans le système nouveau, aucun paiement par anticipation n'étant plus exigé du nu-propriétaire celui-ci, tandis qu'il continuera à recueillir sans paiement d'aucune nouvelle taxe l'usufruit éteint naturellement, ne pourra plus entrer en possession de cet usufruit avant l'expiration du terme normal ou convenu lors du démembrement, sans acquitter l'impôt afférent à la convention, a été très exactement déduite par le ministre dans son exposé des motifs.

Dans plusieurs états la valeur de l'usufruit est fixée pour le paiement des droits de succession à une quotité déterminée de la valeur réelle, en pleine propriété, des biens soumis à l'usufruit, sans avoir égard à l'âge de l'usufruitier. En Espagne cette quotité a été maintenue, par la loi de 1892 au quart de la pleine propriété, dans le grand duché de Bade elle est des deux cinquièmes, elle est de moitié comme en France, en Belgique et dans le grand duché de Luxembourg, en Russie et en Suisse, dans les cantons d'Argovie, Fribourg et Schaffouse (1) mais notamment en Espagne et en Belgique, le nu-propriétaire n'acquitte l'impôt que lors de la consolidation de la toute propriété sur sa tête.

En Italie l'usufruit constitué pour un temps indéterminé ou dépassant 10 ans s'évalue à la moitié de la pleine propriété lorsque l'usufruitier à plus de 50 ans, la valeur est fixée au quart des biens (2).

En Allemagne, à l'exception du grand duché de Bade, tous les états calculent la valeur de l'usufruit viager d'après l'âge de l'usufruitier, ce mode de

(1) Grand duché de Bade ord 18 mai 1855 art. 71.
Belgique et grand duché de Luxembourg loi du 27 novembre 1817 art. 17.
Russie réglement de juillet 1682 1 art. 7.
Suisse — Argovie loi du 18 mai 1857 art. 7 — Fribourg loi du 8 mars 1882 art. 14 — Schaffousse loi du 18 mars 1885 art. 5.

(2) Italie loi du 13 décembre 1874 art. 16 et 18.

procédera été également introduit en Alsace-Lorraine par la loi de 1889, que nous avons déjà eu l'occasion de citer. (1).

Lorsque l'usufruit s'éteint dans l'année qui suit la mutation la valeur imposable est fixée seulement d'après la durée réelle et le trop perçu est restitué d'après la législation Prussienne. Le nu-propriétaire a la faculté de payer immédiatement l'impôt sur la différence existant entre la valeur de la toute propriété et celle attribuée à l'usufruit, ou d'acquitter les droits sur la valeur entière lors de la consolidation de la pleine propriété. La loi applicable à l'Alsace-Lorraine fixe dans les mêmes conditions la valeur imposable, mais elle exige le paiement immédiat.

En Wurtemberg, la valeur de l'usufruit se calcule d'après un tableau annexé au décret du 26 mars 1881, en exécution de l'article 8 de la loi du 24 mars précédent qui a fixé la valeur d'un mark de rente annuelle aux différents âges.

Dans les pays bas, le mode de calcul des usufruits viagers est à peu près identique à celui suivi dans les pays allemands, le revenu des biens évalué à 4 1/2 % de leur valeur vénale et ce revenu est multiplié par des coefficients qui se rapprochent de ceux que nous avons cité pour ces pays.

En Angleterre, les transmissions d'usufruits demeurent taxés d'après le *life interest* en prenant pour base la table annexée à la loi de 1853. C'est donc là encore un système analogue à celui des pays allemands.

(1) Voir page 18.

Dans le canton de Genève, l'usufruitier paie, s'il est âgé de 50 ans et au-dessous, sur la moitié de la valeur totale, de 50 à 60 ans, il paie sur le tiers, de 60 à 70 ans, sur le quart ; au-dessus de 70 ans sur le huitième.

Disons enfin que, dans plusieurs cantons Suisses les transmissions de l'espèce ne sont pas assujetties à l'impôt, mais l'usufruitier est tenu de payer au propriétaire les intérêts des droits de mutation acquittés par ce dernier et cela pendant toute la durée de l'usufruit. Telle est notamment la législation du canton de Vaud (1).

Mais il est une autre réforme qui touche celle-ci sous plus d'un aspect et qui ferait rentrer dans les caisses du trésor environ deux millions que la fraude lui enlève.

Ce sont les renonciations frauduleuses à des legs ou donations à cause de mort, ou celles qui ont lieu du chef d'un héritier décédé, à sa part dans la succession de l'auteur commun.

Les procédés mis en œuvre par la fraude sont trop connus pour qu'il soit utile de les décrire.

Le remède pratique serait de considérer *pour la perception du droit de mutation par décès* les renonciations de l'espèce comme des actes *translatifs* de propriété ou d'usufruit et de faire acquitter par ceux qui en profitent le droit qui incombait au renonçant.

Ce serait à la vérité une dérogation au Code Civil mais on en trouve d'autres exemples. Ainsi les art. 69 et 7 de la loi du 22 frimaire an VII apportent une dé-

(1) Voir Revue politique et administrative. — Décembre 1894, p. 419.

rogation analogue à l'art. 883 du Code Civil et l'art 6 de la loi du 21 juin 1875 modifie l'ordre des successions dans un intérêt purement fiscal.

On peut être certain que toutes les renonciations frauduleuses disparaîtraient, que celles qui survivraient auraient un caractère de libéralité qui justifierait la perception proposée.

VII.

Art. 8. « Les droits de mutation par décès de biens « meubles ou immeubles seront liquidés sur la part « nette recueillie par chaque ayant droit. Ils seront « perçus sans addition d'aucuns décimes pour cha- « cune des fractions de cette part suivant les tarifs « portés au tableau annexé au projet de loi. »

On trouve les augmentations des droits dans le nouveau projet exorbitants et comme exemple nous dirons que ce tarif compliqué proposé comme rectification du tarif successoral actuel a permis de relever des anomalies bien amusantes entre-autres celle-ci : de deux neveux héritant l'un de 499,990 fr. l'autre de 500,010 fr. le second pour une différence en plus de 20 fr. aurait à payer un excédent sur son voisin de 2500 fr. de droits (1).

Est-ce juste ! est-ce rationnel !

Pour les donations portant partage.

Art. 9. « Les droits d'enregistrement des donations « entre vifs de biens meubles ou immeubles sont « affranchis de tout décime ; ils seront perçus selon

(1) Annales de l'enregistrement 1894 p. 524.

« les quotités ci-après, et la formalité de la trans-
« cription au bureau de la conservation des Hypo-
« thèques ne donnera plus lieu à aucun droit pro-
« portionnel.

« § 1er En ligne directe :

« 1° Pour les donations portant partage, faites « conformément aux articles 1075 et 1076 du c.c. « par les père et mère et autres ascendants, entre « leurs enfants ou descendants 2 fr. 50 %

« 2° Pour les donations faites par contrat de ma- « riage aux futurs 2 fr. 75 %

« 3° Pour les donations autres que celles désignées « aux deux numéros précédents 3 fr. 75 %

« § 2 Entre époux en ligne collatérale ou entre « personnes non parentes, par contrat de mariage « ou hors contrat de mariage savoir :

« 1° Entre époux 5 %

« 2° Entre frères et sœurs 10 %

« 3° Entre oncles et tantes, neveux et nièces 11 « fr. 50 %

« 4° Entre grands oncles et grand'tantes, petits « neveux, petites nièces et cousins germains 14 %

« 5° Entre parents au 5e ou au 6e degré 15 %

« 6° Entre parents au délà du 6e degré et entre « personnes non parentes 16 fr. 50 % »

On demande plus d'un demi-million de surcharge aux donations par contrat de mariage en ligne collatérale et entre étrangers, et on base le relèvement du tarif sur cette simple considération « que la « faveur due aux donations faites en vue du mariage, « et qui avait motivé une réduction de taxe, n'a pas « de raison d'être en ce qui concerne les donations

« au profit des collatéraux et de personnes non pa-
« rentes. »

En vérité, comment peut-on justifier une pareille déclaration, à quel point de vue peut-on bien se placer pour cela ?

Lorsque le législateur de l'an VII et ses successeurs ont examiné cette espèce d'acte, le contrat de mariage, et qu'à l'égard de l'impôt il lui a accordé une situation exceptionnelle. Quels ont donc pu être les sentiments qui l'ont guidé ?

Les recettes du Trésor, le régime adopté, tout cela n'a point pesé sur leurs déterminations.

Mais lorsqu'il s'est agi des avantages à constituer aux futurs, de ces libéralités destinées non seulement à améliorer leur situation, à faciliter l'existence de la nouvelle famille et surtout augmenter leur puissance de travail et de production. Alors le législateur s'est efforcé d'entourer de faveurs particulières cet acte qui transforme en réalité ce qui n'appartenait jusque là qu'au domaine des espérances.

Et alors, que la donation fut faite en ligne directe on en ligne collatérale ou entre étrangers, il lui accorda la même sollicitude, il graduait bien le tarif d'après la parenté, mais il stipulait la même faveur pour tous les degrès : la moitié du droit appliqué aux transmissions entre vifs à titre gratuit hors contrat de mariage.

La faveur accordée à la ligne directe n'a plus sa raison d'être, mais, lorsqu'un père constitue une dot à son enfant, il ne fait que lui avancer une portion de la part qui lui serait revenue à son décès, part qui ne peut disparaître ou être amoindrie que dans le cas, où le père aurait excédé les quotités disponibles. Dans tous les cas, cette donation ne fait que confirmer un droit que le donataire possédait déjà sur le patrimoine de la famille, d'après la loi, droit qui ne disparaissait qu'avec ce patrimoine lui-même.

Il n'en est plus de même en ligne collatérale ou entre étrangers. La loi n'établit aucune réserve à mon profit sur la fortune de mon frère, de mes oncles, etc. ; c'est la donation authentique faite à mon profit qui, seule, fixera et déterminera mes droits d'une façon irrévocable.

Une occasion spéciale, qui peut-être ne se reproduira plus, se présente pour la réalisation de ce qui n'était jusque là qu'une espérance ; pourquoi ne pas la favoriser ? pourquoi ne pas dire au donateur : en accomplissant aujourd'hui l'acte que vous avez l'intention de faire, vous permettrez au donataire de réaliser une économie de moitié sur les droits d'enregistrement tout en encourageant l'union qui vous agrée ?

La commission spéciale a eu à se prononcer entre un même tarif *proportionnel* demandé à la fois par M. Burdeau et par M. Boudenoot et un tarif *progressif* réclamé par M. Dupuy-Dutemps elle a adopté ce dernier système, mais en aggravant très profondément les taux et quotités proposés par l'honorable député du Tarn. Le ministre des finances a également admis la progressivité des droits, mais M. Poincarré a élaboré un nouveau tarif, très élevé encore, inférieur cependant à celui de la commission.

Proposé jusqu'ici par l'initiative parlementaire, adopté par les commissions de la Chambre, l'impôt progressif sur les successions fait pour la première fois son apparition dans un projet du gouvernement avec le texte nouveau élaboré par M. Poincarré. Dès que le tarif de la commission spéciale a été connu, il a soulevé des protestations à peu près unanimes.

En voulant obtenir un rendement assez considérable pour effectuer, au delà de la réforme qui nous occupe des dégrévements, excellents d'ailleurs en principe,la commission a absolument dépassé le but. Les taux qu'elle propose sont exagérés, et leur nombre trop considérable. D'un autre côté l'application de l'impôt à un taux différent par chaque tranche nécessite des calculs aussi nombreux que compliqués et on a pu dire que, pour assurer l'application des 119 quotités de son tarif, la commission n'avait plus qu'à attacher un actuaire à chacun des bureaux d'enregistrement Il y a là peut-être quelque exagération, mais il faut bien reconnaître que cette tarification n'est pas pratique et que d'un autre côté, la commission surtaxe toujours mais ne détaxe jamais. Et cependant, les 100 millions de plus value qu'elle attend de son système nous paraissent bien aventurés, certes, les calculs de M. Dupuy-Dutemps, qui en qualité de rapporteur, a consenti à se faire contre lui-même le champion des idées de la commission sont très ingénieux, mais ils ne reposent sur aucune base sérieuse.

Il est évident, en effet, que la répartition des parts ne suit pas une proportion identique dans toutes les lignes. Qu'elle présente bien une moyenne de 27 en ligne directe, mais que, par la force des choses, cette moyenne s'accentue lorsque les successions passent à des collatéraux et plus encore lorsque les bénéficiaires sont des étrangers, la plus grande partie des capitaux taxés représentant alors des legs particuliers. De plus, dans quelle proportion se répartit le passif et dans quelle mesure la déduction de celui-ci vient elle encore modifier les évaluations? Les présomptions mêmes font défaut.

La tarification inscrite dans le projet de M. Poincarré est moins élevé que celle de la commission spéciale, néanmoins d'excellents esprits se refusent à l'admettre, la considérant encore comme excessive. On y relève également l'inconvénient de l'application, empruntée au système de la commission, de l'impôt tranche à tranche. Par contre, on reconnaît que les tranches sont moins nombreuses et que les maxima ont été heureusement fixés lorsque la part recueillie dépasse le million.

Aussi semble-t-il que, avec quelques modifications, le tarif inscrit dans le projet ministériel soit de nature à rallier une majorité, on pourrait en effet, donner satisfaction à ceux qui se plaignent de l'exagération des droits en abaissant à 15 % maximum des *tarifs proportionnels* et de la presque totalité des *tarifs progressifs étrangers*, maximum également du projet de M. Burdeau et de la proposition de M. Boudenoot, le taux le plus élevé, sauf à obtenir une compensation, en ramenant au million la progression des droits en ligne directe arrêtée par M. Poincarré à 250,000 fr, et pour lesquels les quotités prévues pourraient être portées à 3 et 3,50 % (1).

(1) Voir revue politique et parlementaire décembre 1894 p. 454 et suivantes.

D'un autre côté les inconvénients du calcul par tranches pourraient être attenués presque complètement en en réduisant l'application à deux taux, celui indiqué au tarif pour la portion de part dépassant le palier précédent, et le tarif de ce dernier palier pour le surplus de la série des quotités successives, des paliers antérieurs.

VIII.

DISPOSITIONS RÉGLEMENTAIRES

qu'entraîneraient les modifications qui précèdent.

Il y aurait le plus grand intérêt à adopter le cadastre même actuel comme base unique de perception pour tous les impôts de mutation. La première mesure qui s'impose, c'est donc de faire mention des énonciations du cadastre dans tous les actes et déclarations de mutation ; le projet de réforme hypothécaire va du reste, selon toute apparence, faire ressortir la nécesité de cette innovation qui constaterait l'identité de la parcelle transmise.

Mais l'identité des parties n'a pas moins d'intérêt, il faut reconnaître que sous ce rapport, rien n'a jamais été fait.

Il n'est pas rare de rencontrer des gens qui, toute leur vie et dans tous les actes où ils ont figuré, ont porté des noms différents de ceux qu'on trouve à leur état civil.

De là des difficultés et des rectifications sans nombre, surtout lorsqu'il s'agit d'inscriptions de rentes sur l'état.

Mais le véritable danger de ces dénominations inexactes se trouve dans le service hypothécaire ; les intérêts des parties peuvent être de ce chef à chaque instant compromis et la responsabilité des conservateurs gravement engagée.

Quoi de plus simple cependant que d'obvier à tous ces inconvénients et de prévenir ces dangers en mentionnant partout les noms, prénoms, date et lieu de naissance d'après l'état-civil.

Il suffirait pour cela, d'instituer au prix de 0 fr.20 une carte d'identité sur parchemin, délivrée par le Maire du lieu de naissance et que tous les actes et déclarations devraient reproduire sous peine d'amende.

Par analogie avec ce qui se fait pour le casier judiciaire, qui a donné de si bons résultats, tous les enregistrements seraient renvoyés et centralisés au bureau du lieu de naissance ; on aurait ainsi l'historique pour ainsi dire des actes de la vie civile de tous les citoyens et on suivrait leur trace jusqu'à leur décès qui serait également renvoyé. (1)

CONCLUSION

M. Poincarré a déclaré au banquet de Commercy qu'il *défendrait sans faiblesse et sans accepter aucune compromission* ses projets financiers ; il n'acceptera pas qu'on lui demande d'en modifier le sens, d'en

(1) Voir bulletin hebdomadaire de l'enregistrement 21 Mars 1894.

troubler l'économie générale, et *sous prétexte de faire mieux, de faire toute autre chose*. Il admettra les modifications de détail et n'admettra que cela. Il a raison peut-être de parler des incertitudes des batailles prochaines, mais n'est-ce pas trop absolu ?

Il est difficile, en effet, de défendre le budget dans son ensemble et dans ses principes. Les tendances qu'il dissimule à peine, les lignes générales qu'il étale, sont dangereuses pour l'avenir, et, si le Parlement adoptait certaine hardiesse, les successeurs de M. Poincarré ne pourraient-ils s'en autoriser pour bouleverser tout à fait nos habitudes financières ?

Quant aux détails, il n'est pas une des nouveautés relatives de cette *mosaïque fiscale*, comme l'appelle un de nos grands chefs, qui n'eut soulevé de vives polémiques et de justes réclamations. L'opinion publique paraît fort ennemie de l'impôt sur le revenu, voilà pour le principe dominant ; et quant aux détails, on combat la pensée de substituer la progression à la proportionnalité de l'impôt, c'est ébranler la propriété individuelle affirme-t-on ; c'est le 1er pas vers la spoliation ajoute-t-on avec exagération, aujourd'hui vous frappez de droits excessifs, les héritiers collatéraux, demain, l'état mettra la main sur les successions qui sont leurs biens et ou aboutira-t-on sur cette pente rapide du socialisme gouvernemental ?

Bref les esprits les plus différents s'accordent pour combattre ce projet de loi dans sa dernière formule MM. Yves, Guyot dans le *Siècle*, Clémenceau dans la *Justice*, de Marcère dans la *Nouvelle Revue*, Francis Charmes dans les *Débats*, Léon Say dans la *Revue des deux Mondes*, (1) blâment à tour de rôle la sollicitude du ministre pour les bouilleurs de cru, l'incohérence des répartitions des taxes, le chaos du tarif successoral, l'inconnu qui se dégage de ces essais dans l'arbitraire. Mais le coup le plus cruel et le plus inattendu c'est l'opinion nettement motivée de M. Léon Say dont nul ne contredira la compétence en pareille matière. (2)

Comme l'écrit très bien M. Yves Guyot :

M. Poincarré s'est dit que le fisc pourrait demander beaucoup aux successions. Il a pensé que les héritiers, au moment où ils reçoivent leur héritage, ne sauraient se plaindre de prélever de fortes sommes au profit du fisc, et que par conséquent, il pouvait exiger d'eux un droit élevé. Cette psychologie est un peu simpliste il n'a pas songé à un autre côté de la question.

Il déduit le passif des successions, au moment où il élève les droits dans cette progression ; mais des propriétaires prévoyants, comparant ce que coûtent les droits d'hypothèques et les droits sur les successions, pourront s'arranger pour hypothéquer leurs propriétés de manière à en augmenter d'une manière fictive le passif.

L'enregistrement sait fort bien que la succession de beaucoup de valeurs mobilières se fait par simple tradition de la main à la main quand un homme, prévoyant sa fin prochaine, fait ses arrangements de famille. Il sait fort bien que les héritiers s'entendent

(1) Voir annales de l'enregistrement 1894, pag 474.
(2) Voir annales 1894, page 103, officiel 4 décembre 1894.

souvent pour dissimuler une partie des valeurs mobilières du défunt. Or, plus le droit est élevé, plus est élevée la prime à la dissimulation.

La propriété immobilière ne peut pas être dissimulée. Il y aura des gens prévoyants qui réfléchiront à l'élévation de ces droits et, au lieu de conserver ou d'acquérir des terres ou des maisons, préféreront placer leurs capitaux dans des valeurs qui pourront n'être pas forcément représentées à la succession. La taxe graduée de M. Poincarré est une prime donnée à la propriété mobilière contre la propriété foncière.

En résumé, comme le dit très bien la société des agriculteurs de France dans sa protestation : (1)

« A quelque point de vue qu'on se place, le nou« veau projet parait désastreux pour l'agriculture.

« Il ne lui accorde que des satisfactions illusoires « au point de vue soit de la déduction des dettes, « soit de la réduction des droits sur les ventes d'im« meubles ruraux.

« Il consacre une innovation ruineuse en substi« tuant pour le calcul des droits la valeur vénale à « la capitalisation du revenu.

« A côté de dégrévements insignifiants pour les « successions tout à fait minimes, il établit sur toutes

(1) Le Conseil de la Société des agriculteurs de France a voté dans sa séance du 20 décembre 1894 une protestation contre le projet de loi de M. Poincarré sur l'impôt progressif en matière de succession la valeur vénale des immeubles etc. et émis le vœu que le projet de loi soit rejeté purement et simplement.

Le texte de cette protestation a été envoyé à MM. les députés et sénateurs, et aux Présidents des diverses sociétés affiliées.

De son côté le groupe agricole de la chambre s'est également prononcé contre ce projet.

Voir la protestation dans le Bulletin de la société des agriculteurs de France du 1er Janvier 1895 page 6 et suivantes.

« les autres des surtaxes écrasantes ; il introduit le « principe socialiste de l'impôt progressif dans nos « lois ; il prépare une fraude effroyable et des « moins values considérables qui nécessiteront « l'établissement de nouveaux impôts ; il condamne « d'avance une notable partie des propriétaires fon- « ciers à l'aliénation forcée pour l'acquittement des « droits de successions ; il porte à l'esprit de famille « et par lui-même aux populations rurales, la plus « funeste atteinte.

« Il ne ferait, en définitive, qu'aggraver encore « l'inégalité, si criante et si souvent signalée, dont « l'agriculture souffre au point de vue fiscal.

« Des calculs sérieusement établis par la société dès « 1880 (1) et dont l'exactitude a été officiellement re- « connue à la tribune de la Chambre, le 10 février 1885, « par le Ministre de l'agriculture, ont démontré que « l'agriculture est de beaucoup la plus chargée de tou- « tes les branches de la production nationale. Tandis, « en effet, que la propriété urbaine paie 17 % de son « revenu, la propriété mobilière 5 %, le commerce et « l'industrie 13 %, le prélèvement opéré directement « par le fisc sur l'agriculture atteint 25 % ; — ou plu- « tôt il les atteignait déjà avant la crise qui sévit de- « puis quinze ans et qui a déprécié dans une notable « proportion la valeur locative des terres comme « leur valeur vénale. Aussi l'agriculture réclame- « t-elle, avec une instance et une angoisse crois- « santes l'égalité fiscale et des dégrèvements.

(1) Rapports de M. le comte de Luçay des 30 Octobre 1880 et 25 Février 1881 ; rapport de M. Le Tresor de la Rocque du 16 Février 1882.

« Or le projet en discussion aggrave cette inéga-
« lité et surcharge encore la terre. »

Nous demandons donc :

1° Que la déduction des dettes en matière de successions qui s'impose soit plus étendue, c'est-à-dire qu'on prenne outre les dettes liquides les dettes commerciales et les actes mentionnés suprâ. (Voir page 9 et suivantes).

2° Que la valeur vénale ne soit pas admise dans les termes indiqués par le projet de la loi et que l'on s'en réfère aux élévations prescrites par la loi de 1885 et pour laquelle l'enregistrement a servi de base. (Voir page 23 et suivantes) de même pour les partages, liquidations, contrats de mariages, etc. (Voir page 10).

3° Que les droits de succession ne soient pas augmentés dans des conditions aussi exorbitantes.

4° Enfin la réforme d'usufruit ou la réduction des droits, dûs par l'usufruitier et le nu-propriétaire étant admise nous nous en référons aux propositions énoncées. (Voir page 37 et suiv.).

Faisant ici les réserves les plus expresses sur les propositions d'amendements qui pourront se produire, d'autres questions intéressantes par elles-mêmes pourront être soulevées à l'occasion de ces réformes, mais à notre avis elles doivent faire l'objet d'une étude distincte et leur sort ne peut être nécessairement lié à celui du principe de la déduction des dettes, de la valeur vénale des droits de succession et de la réforme de l'usufruit.

Pour que ces principes soient enfin admis dans notre législation, après toutes les vaines tentatives qui se sont succédées pendant plus d'un demi siècle, il faut les examiner en elles-mêmes et sans les compliquer d'incidents accessoires.

C'est le plus sûr moyen de réaliser les réformes avec rapidité avec toutes les garanties qu'exigent l'intérêt du contribuable et celui du trésor.

Telles sont les réflexions que nous avons cru devoir suggérer à l'attention de nos législateurs sur les réformes fiscales qui leur sont actuellement soumises.

Arras. — Imp. et Lith. THÉRY et PLOUVIER, rue Saint-Maurice, 76.

RED. : 17

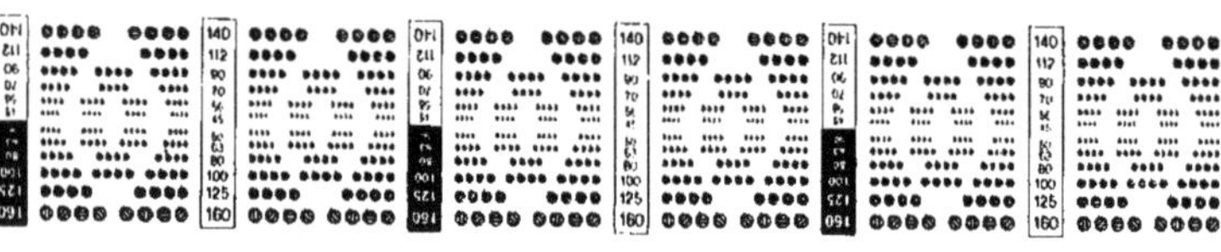

www.ingramcontent.com/pod-product-compliance
Ingram Content Group UK Ltd.
Pitfield, Milton Keynes, MK11 3LW, UK
UKHW020429230726
13925UKWH00004B/1666